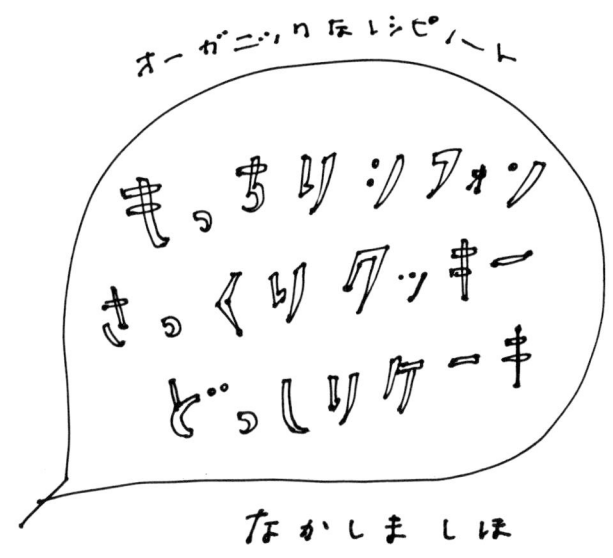

オーガニックなレシピノート
きっちりシフォン
さっくりクッキー
どっしりケーキ
なかしま しほ

おいしくて、安心なオーガニック、無農薬の素材を中心に、
バターや生クリームなしでも満足できるおやつを作っています。
甘さを控えて素材のおいしさを引き出した、
毎日食べたい"ごはん"のようなおやつのレシピです。

文化出版局

# CONTENTS

3　体をつくる、大切な素材たち

「はじめての、しっとり、もっちり シフォンケーキ」

　5　バニラシフォン
　8　ゆずシフォン
　　　チョコモカシフォン
　9　バナナシフォン
12　黒ビールシフォン
13　メイプルくるみシフォン

もっとおいしく、＋ソース

16　フルーツマリネソース
　　　ドライフルーツの紅茶コンポート
　　　黒ごまはちみつソース
17　チョコレートソース
　　　ベリーソース
　　　アングレーズソース

アレンジシフォン

20　子どもシフォン
21　大きな蒸しパン
24　ワッフル
25　ジャムロールケーキ

28　おやつの贈り物ラッピング

「クッキー、etc.」

32　酒かすクラッカー
36　フルーツロールクッキー
　　　モカクッキー
37　チョコチップクッキー
　　　メイプルビスケット
　　　キャラメルナッツクッキー
44　キャロットくるみスコーン
　　　豆腐クリーム
45　ごまきなこスコーン
48　かぼちゃマフィン
　　　チョコバナナマフィン
49　ジャムマフィン
　　　ブルーベリーマフィン
52　抹茶と桜のビスコッティ
　　　黒糖とチョコレートのビスコッティ
56　全粒粉のブラウニー

「ケーキ」

60　バナナケーキ
64　アップルクランブルケーキ
65　キャロットケーキ
68　スイートポテトタルト
69　黒豆ガトーショコラ
72　アースケーキ

76　わたしのお菓子作り
78　わたしのお菓子の、おいしい材料

お菓子を作りはじめる前に
・卵は一個65g前後のLサイズを使用しています。
・計量の単位は、大さじ1 = 15ml、小さじ1 = 5ml。
　1ml = 1ccです。
・オーブンの指定の温度、焼上り時間は機種によって
　多少の違いがありますので、目安と考えてください。

体をつくる、大切な素材たち

わたしのお菓子の、基本となる材料が、粉、卵、油です。

粉

ポストハーベスト（収穫後に散布される農薬のこと）の心配のない国産のもの。

卵

黄身はレモン色。おいしい野菜を食べて育った、平飼いの鶏の卵です。

油

お菓子作りはすべて菜種油。こくのある味わいで、色は菜の花色。

# はじめての、しっとり、もっちり シフォンケーキ

しっとりした生地ともちもちした食感、
素材の風味がしっかり感じられるシフォンケーキは
いくらでも食べ飽きないおいしさ。
手でちぎると、のびやかで繊細な生地が広がります。

ポイントは「国産の薄力粉」と「メレンゲの泡立て方」。
たんぱく質の含有量が多い国産の粉を使い、
やわらかめに泡立てたメレンゲを加えることで、
しっとりもっちりとした生地が生まれます。

そしていちばん大切なことは、シンプルなレシピだからこそ、
一つ一つの材料はできるだけ、おいしくて、安心なものを。

きっと、はじめてのシフォンケーキを感じていただけると思います。

バニラシフォン

# 基本のレシピ　バニラシフォン

いちばんシンプルに生地のおいしさを味わえる、バニラビーンズ入りのシフォンケーキです。
水の代りに豆乳を使うことで、さらにもっちりとした食感に仕上がりました。

卵白は、縁がうっすら凍りはじめるくらいに。

バニラビーンズは、ごく細かい粒状。

## 材料（直径17cmのシフォン型1台分）

**＜卵黄生地＞**

| | |
|---|---|
| 卵黄 | 3個分 |
| てんさい糖 | 30g |
| バニラビーンズ | 1/2本 |
| 菜種油 | 大さじ2 |
| 豆乳 | 50ml |
| 薄力粉 | 70g |

**＜メレンゲ＞**

| | |
|---|---|
| 卵白 | 4個分 |
| てんさい糖 | 40g |

## 準備

- 卵白はボールに入れて冷凍庫で5〜10分ほど冷やす。よく冷やしてから使うときめ細かなメレンゲになる。
- バニラビーンズはさやを開き、包丁でしごいて中身を出す。
- 薄力粉はふるう。
- オーブンは160℃（ガスオーブンの場合は150℃）に温める。

## 作り方

1　卵黄生地を作る。ボールに卵黄、てんさい糖、さやから出したバニラビーンズを入れ、泡立て器で軽くすり混ぜる。

2　菜種油と豆乳を順に加え、全体がなじむまでよく混ぜる。

3　ふるった薄力粉を一度に加え、だまがなくなるまでしっかりと混ぜる。

4　メレンゲを作る。卵白をハンドミキサーの低速でほぐした後、高速にして泡立て、白っぽくふんわりしてきたらてんさい糖の1/3量を加えて泡立て、全体になじんだら残りのてんさい糖を同様に2回に分けて加える。

5　きめが細かくなり、少しもこもこしてきたら泡立て器に持ち替え、メレンゲの先がゆるやかにおじぎをするくらいのやわらかさに仕上げる。

6　卵黄生地にメレンゲをひとすくい加え、泡立て器でしっかりとむらがなくなるまで混ぜる。

7　6の生地をメレンゲのボールに一気に流し入れ、ゴムべらで手早く、泡を消さないようさっくり混ぜる。

8　生地を型に流し入れ、少し揺すって表面をならし、トンと軽く台に打ちつけて大きな気泡を抜き、オーブンで40分焼く。

9　焼き上がったらすぐ逆さにして、ワインや調味料の空き瓶などにかぶせて冷ます。

10　完全に冷めたら、小さめのナイフを型と生地の間に差し込み、型にナイフを押しつけるようにしながらはずす。底の部分も同様にしてはずす。

- おすすめのシフォン型はアルミめっきのスチールタイプか、アルミのもの。油脂などはぬらずに、直接生地を入れてください。フッ素樹脂加工のものは生地がすべり落ちることがあるのでおすすめしません。
- メレンゲは最後に泡立て器に持ち替えることで、きめが整い、泡立てすぎを防ぐことができます。
- 卵黄生地とメレンゲを合わせるとき、生地の色を見てむらがないようにチェックします。むらがあると生地に穴があく原因になります。

チョコモカシフォン
ゆずシフォン

バナナシフォン

# チョコモカシフォン

コーヒー生地にチョコチップを散らした、ほろ苦い大人味のシフォンケーキ。
苦みと甘みのバランスが心地よい味わいです。

材料(直径17cmのシフォン型1台分)
<卵黄生地>
卵黄 ――――――――――― 3個分
きび砂糖 ――――――――― 30g
菜種油 ――――――――― 大さじ2
インスタントコーヒー ――― 大さじ2
┌ 熱湯 ――――――――― 大さじ1
└ 水 ――――――――――― 適量
薄力粉 ―――――――――― 70g
<メレンゲ>
卵白 ――――――――――― 4個分
きび砂糖 ――――――――― 40g

ビターチョコレート ――――― 30g

準備
・卵白、粉、オーブンは「バニラシフォン」と同様に準備をする。
・インスタントコーヒーに熱湯を加えて溶かし、水を足してコーヒー液50mlを作る。
・チョコレートは細かく刻んで、卵黄生地用の薄力粉をひとつまみふりかける。

作り方
1 　卵黄生地を作る。ボールに卵黄、きび砂糖を入れ、泡立て器で軽くすり混ぜる。
2 　菜種油とコーヒー液を順に加え、全体がなじむまでよく混ぜる。
3 　「バニラシフォン」のレシピ**3～6**と同様にする。
4 　生地をメレンゲのボールに一気に流し入れ、ゴムべらで手早く、泡を消さないようさっくり混ぜる。ほぼ全体が混ざったところでチョコレートを加え、さっと混ぜる。
5 　生地を型に流し入れ、オーブンで40分焼く。
6 　焼き上がったらすぐ逆さにして冷ます。完全に冷めてから型からはずす。

 コーヒー液の水を大さじ1減らして、代わりにコーヒーリキュールを加えても。ぐっと風味が増します。

お菓子にはすべて、安全な素材で作られたフェアトレードのビターチョコレートを使っています。乳製品不使用、カカオと黒糖のみで練り上げられているので、シンプルで力強い味わいです。

## ゆずシフォン

岡山に住む友達の農園から届く、無農薬のゆずを使って作っています。皮も身も使うので、ゆずの風味がいっぱいです。

### 材料(直径17cmのシフォン型1台分)
＜卵黄生地＞
卵黄 ――――――――― 3個分
てんさい糖 ―――――――― 30g
ブルーポピーシード(けしの実)
　――――――――――― 小さじ1
はちみつ ――――――― 小さじ1
菜種油 ――――――――― 大さじ2
ゆず ――――――――――― 2個
薄力粉 ―――――――――― 70g
＜メレンゲ＞
卵白 ――――――――― 4個分
てんさい糖 ―――――――― 40g

### 準備
・卵白、粉、オーブンは「バニラシフォン」と同様に準備をする。
・ゆずは、表皮の部分をすりおろし、果汁をしぼって50ml用意する(足りなければ水を足す)。

### 作り方
1　卵黄生地を作る。ボールに卵黄、てんさい糖、ゆずの皮、ブルーポピーシード、はちみつを入れ、泡立て器で軽くすり混ぜる。
2　菜種油とゆず果汁を順に加え、全体がなじむまでよく混ぜる。
3　「バニラシフォン」のレシピ3～6と同様にする。
4　生地をメレンゲのボールに一気に流し入れ、ゴムべらで手早く、泡を消さないようにさっくり混ぜる。
5　生地を型に流し入れ、オーブンで40分焼く。
6　焼き上がったらすぐ逆さにして冷ます。完全に冷めてから型からはずす。

 生のゆずが手に入らない季節は、市販の果汁で代用してください。

## バナナシフォン

シフォンケーキといえばバナナ！というくらい人気のフレイバー。しっとりとした生地にくるみの食感が楽しいシフォンです。

### 材料(直径17cmのシフォン型1台分)
＜卵黄生地＞
卵黄 ――――――――― 3個分
てんさい糖 ―――――――― 20g
菜種油 ――――――――― 大さじ2
豆乳 ―――――――――― 大さじ1
バナナ(熟したもの)
　――――――――― 150g(約1½本)
薄力粉 ―――――――――― 70g
＜メレンゲ＞
卵白 ――――――――― 4個分
てんさい糖 ―――――――― 30g

くるみ ――――――――― 20g

### 準備
・卵白、粉、オーブンは「バニラシフォン」と同様に準備をする。
・バナナはフォークの背でていねいにつぶす。
・くるみは粗く刻む。

### 作り方
1　卵黄生地を作る。ボールに卵黄、てんさい糖を入れ、泡立て器で軽くすり混ぜる。
2　菜種油と豆乳を順に加え、全体がなじむまでよく混ぜ、つぶしたバナナも加えてさらに混ぜる。
3　「バニラシフォン」のレシピ3～6と同様にする。
4　生地をメレンゲのボールに一気に流し入れ、ゴムべらで手早く、泡を消さないようさっくり混ぜる。ほぼ全体が混ざったところでくるみを加え、さっと混ぜる。
5　生地を型に流し入れ、オーブンで40分焼く。
6　焼き上がったらすぐ逆さにして冷ます。完全に冷めてから型からはずす。

 バナナは大きなかたまりが残っていると生地に穴があいてしまうので、ていねいにつぶします。フードプロセッサーを使っても。

黒ビールシフォン

メイプルくるみシフォン

# 黒ビールシフォン

イギリスの伝統的なお菓子にヒントを得て作りはじめたシフォンケーキ。
独特のこくと風味が生まれて、やさしい味に仕上がりました。

材料(直径17cmのシフォン型1台分)
<卵黄生地>
卵黄 ——————————— 3個分
きび砂糖 ————————— 30g
菜種油 ————————— 大さじ2
黒ビール ————————— 50ml
薄力粉 ————————— 70g
<メレンゲ>
卵白 ——————————— 4個分
きび砂糖 ————————— 30g

レーズン ————————— 30g

準備
・卵白、粉、オーブンは「バニラシフォン」と同様に準備をする。
・レーズンは粗めに刻む。沈みやすいので卵黄生地用の薄力粉をひとつまみふりかける。

作り方
1　卵黄生地を作る。ボールに卵黄、きび砂糖を入れ、泡立て器で軽くすり混ぜる。
2　菜種油と黒ビールを順に加え、全体がなじむまでよく混ぜる。
3　「バニラシフォン」のレシピ**3〜6**と同様にする。
4　生地をメレンゲのボールに一気に流し入れ、ゴムべらで手早く、泡を消さないようさっくり混ぜる。全体がほぼ混ざったらレーズンを加えてさっと混ぜる。
5　生地を型に流し入れ、オーブンで40分焼く。
6　焼き上がったらすぐ逆さにして冷ます。完全に冷めてから型からはずす。

 レーズンなど重さのある素材を生地に加えるときは、細かく刻んでから粉をまぶすと沈みにくくなります。

黒ビールは銘柄によって、味わいもいろいろです。

# メイプルくるみシフォン

メイプルシロップの水分だけで焼き上げたリッチなシフォンケーキ。
こっくり深い甘みと極上の舌触りが楽しめます。

**材料**（直径17cmのシフォン型1台分）
＜卵黄生地＞
卵黄 ――――――――――― 3個分
菜種油 ――――――――――― 大さじ2
メイプルシロップ ――――――― 50ml
薄力粉 ――――――――――― 70g
＜メレンゲ＞
卵白 ――――――――――― 4個分
メイプルシュガー ―――――― 40g

くるみ ――――――――――― 20g

**準備**
・卵白、粉、オーブンは「バニラシフォン」と同様に準備をする。
・くるみは細かく刻んで、型の底に散らす。

**作り方**
**1** 卵黄生地を作る。ボールに卵黄を入れ、泡立て器で混ぜながらほぐす。
**2** 菜種油とメイプルシロップを順に加え、全体がなじむまでよく混ぜる。
**3** ふるった薄力粉を一度に加え、だまがなくなるまでしっかりと混ぜる。
**4** メレンゲを作る。冷やしておいた卵白をハンドミキサーの低速でほぐした後、高速にして全体が白っぽくふんわりしてきたら、メイプルシュガーの1/3量を加えて泡立て、全体になじんだら同じように残りのメイプルシュガーを2回に分けて加える。
**5** 「バニラシフォン」のレシピ **5〜10** と同様にする。

 メイプルシュガーが手に入らないときは、きび砂糖で代用してください。

顆粒状になっているメイプルシュガーを選んでいるので、ふつうの砂糖と同じように使えます。

フルーツマリネソース

ドライフルーツの紅茶コンポート

黒ごまはちみつソース

もっとおいしく、+ソース

そのまま食べてももちろんおいしいシフォンケーキですが、
一手間加えたソースを添えると、見た目もぐっと華やかになります。
何種類か用意して、ディップのようにつけて食べるのも楽しいですよ。

チョコレートソース

ベリーソース

アングレーズソース

## フルーツマリネソース

はちみつでさっとマリネした
フレッシュなフルーツソース。
しばらくおくと、はちみつとフルーツが
なじんで、おいしいソースが出てきます。

### 材料(作りやすい分量)
フルーツ(好みのもの。いちご、オレンジ、マンゴー、キーウィ、バナナなど) ——————1カップ
はちみつ ——————大さじ1
レモン汁 ——————小さじ1
ミント ——————適量

### 作り方
フルーツは1cm角くらいにカットしてボールに入れ、はちみつ、レモン汁、ちぎったミントを加え、スプーンで全体がなじむまでよく混ぜ、冷蔵庫で冷やす。

フルーツの大きさをそろえると、見た目もきれいに仕上がります。

## ドライフルーツの紅茶コンポート

ソースではありませんが、
シフォンケーキに添える箸休めのような存在。
ドライフルーツが驚くほど
ジューシーになります。

### 材料(作りやすい分量)
ドライプルーン ——————10個
ドライアプリコット ——————10個
紅茶 ——————200ml〜

### 作り方
清潔な瓶に1種類ずつドライフルーツを入れ、濃いめにいれて冷ましておいた紅茶をひたひたに注ぎ、フルーツがふっくらもどるまで一晩おく。

フルーツの甘みが移った紅茶も、そのまま飲めるくらいおいしいのです。

## 黒ごまはちみつソース

濃厚な黒ごまとはちみつは相性ぴったり。
混ぜるだけなのですぐできてしまいます。
お好みであずきやきなこを
トッピングしてもおいしい。

### 材料(作りやすい分量)
練りごま(黒) ——————大さじ3
はちみつ ——————大さじ2
水 ——————大さじ1

### 作り方
小鍋に練りごまとはちみつを入れてよく混ぜ、水を加えてのばす。弱火で練り混ぜながら、ふつふつと沸いてくるまで火を通し、冷ます。

すぐに食べるなら、火を通さなくてもOKです。

## チョコレートソース

豆乳＋ラム酒で一味違う
チョコレートソースに仕上げました。
刻んだナッツをトッピングしてもおいしい。

材料(作りやすい分量)

| | |
|---|---|
| ビターチョコレート | 50g |
| 豆乳 | 50ml |
| ラム酒 | 少々 |

作り方
小鍋に豆乳を入れて沸騰直前で火を止め、刻んだチョコレートを入れて溶かす。ラム酒を香りづけに加える。

固まってきたら、食べる直前に湯せんにかけて少し温めます。

## ベリーソース

ジャムよりもっとゆるめに仕上げた、
とろとろのベリーソース。
甘酸っぱいソースが
シフォンケーキにたっぷりしみ込みます。

材料(作りやすい分量)

| | |
|---|---|
| ベリー類(ブルーベリー、ラズベリーなど好みのもの。冷凍でも可) | 50g |
| てんさい糖 | 大さじ2 |
| レモン汁 | 少々 |

作り方
ボールにベリー類、てんさい糖、レモン汁を入れてさっと混ぜ、10分ほどなじませる。小鍋に移して中火にかけ、沸騰して水分が出て砂糖が溶けたら火を止める。

果肉感があるフレッシュな仕上りです。

## アングレーズソース

イメージはソース状に仕上げた
カスタードクリーム。
豆乳で作る、新しいおいしさです。

材料(作りやすい分量)

| | |
|---|---|
| 卵黄 | 1個分 |
| てんさい糖 | 大さじ2 |
| 豆乳 | 80ml |
| バニラビーンズ | 1/4本 |

作り方
1　ボールに卵黄、てんさい糖、バニラビーンズを入れ、泡立て器で軽くすり混ぜる。
2　豆乳を沸騰直前まで温め、1に少しずつ加えてよく混ぜる。
3　2をこして弱火にかけ、沸騰してとろみがつくまで煮て、冷ます。

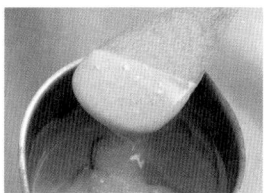

卵黄だけでとろみをつけるので、とてもやわらかく仕上がります。

子どもシフォン

# アレンジシフォン

シフォンケーキの生地はとっても素直なので、
いろんなおやつにアレンジすることができます。
蒸したり、焼いたり、くるくる巻いたり。
楽しい食べ方を見つけてくださいね。

大きな蒸しパン

# 子どもシフォン

紙コップで小さく焼くから「子どもシフォン」。1人分のおやつにちょうどいいサイズです。
ドライフルーツやナッツなど、お子さんと一緒にトッピングして、
むくむくふくれる様子を観察してみてくださいね。

**材料**(容量160mlの紙コップ5個分)

&lt;卵黄生地&gt;

| | |
|---|---|
| 卵黄 | 2個分 |
| てんさい糖 | 大さじ1 |
| 菜種油 | 大さじ1 |
| 豆乳 | 大さじ2 |
| 薄力粉 | 40g |

&lt;メレンゲ&gt;

| | |
|---|---|
| 卵白 | 2個分 |
| てんさい糖 | 大さじ2 |

ドライフルーツ、ナッツ(好みのもの)　　各適量

**準備**

・卵白はボールに入れて冷凍庫で5～10分ほど冷やす。
・薄力粉はふるう。
・ドライフルーツ、ナッツは小さく刻む。
・オーブンは170℃(ガスオーブンの場合は160℃)に温める。

**作り方**

1　生地は「バニラシフォン」のレシピ1～7と同様の手順で作る。
2　紙コップに生地を7分目まで加え、刻んだドライフルーツやナッツをトッピングして、オーブンで20分焼く。

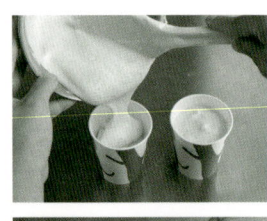

7分目まで生地を入れると、焼き上がったときにちょうどいいサイズになります。

切込みを入れて、くるくる紙をはがすのも楽しい作業です。

# 大きな蒸しパン

型を使って大きく蒸し上げました。
薄力粉の代わりに強力粉を使っているので、こしの強い生地に仕上がっています。
蒸したてを好きなだけちぎって、皆さんでどうぞ。

**材料**(15cm角の型1台分)
<卵黄生地>
卵黄 ──────────── 2個分
きび砂糖 ────────── 大さじ2
菜種油 ──────────── 大さじ1½
豆乳 ──────────── 50ml
強力粉 ──────────── 50g
ベーキングパウダー ──── 小さじ½
<メレンゲ>
卵白 ──────────── 2個分
きび砂糖 ────────── 大さじ2

くこの実 ──────────── 適量

**準備**
・卵白はボールに入れて冷凍庫で5〜10分ほど冷やす。
・強力粉とベーキングパウダーは合わせてふるう。
・蒸し器を用意する。水滴が落ちないよう、ふきんをふたにかませる。
・くこの実は水でもどす。
・型にオーブンシートを敷く(ここでは経木を使用)。

**作り方**
1　生地は「バニラシフォン」のレシピ1〜7と同様の手順で作る。バニラシフォンより卵の量が少ないので、少しかための生地になる。
2　型に生地を流し入れ、上にくこの実を飾る。
3　蒸気の上がった蒸し器に入れ、中火で15〜20分蒸す。竹串を中心に刺して、何もついてこなければ蒸上り。

 トッピングはくこの実のほかに、レーズンやごまもおすすめです。

生地を入れすぎると蒸したときにあふれてしまうので、気をつけてくださいね。

ワッフル

ジャムロールケーキ

## ワッフル

焼きたてがおいしいさくさくのワッフル。
メイプルシロップをかけたり、野菜を添えて朝ごはんにどうぞ。

материалы (直径10cmのワッフル約8枚分)
<卵黄生地>
卵黄 ――――――――――― 2個分
きび砂糖 ――――――――― 大さじ1
菜種油 ―――――――――― 大さじ1
豆乳 ――――――――――― 大さじ2
強力粉 ―――――――――― 50g
<メレンゲ>
卵白 ――――――――――― 2個分
きび砂糖 ――――――――― 大さじ2

準備
・卵白はボールに入れて冷凍庫で5〜10分ほど冷やす。
・強力粉はふるう。

作り方
1 生地は「バニラシフォン」のレシピ1〜7と同様の手順で作る。バニラシフォンより卵の量が少ないので、少しかための生地になる。
2 ワッフルベーカーをよく熱し、油(分量外)を薄くひいて1の生地をお玉1杯分流す。両面にこんがり焼き色がつくまで焼く。

わたしが使っているワッフルベーカーは、じか火にかけるシンプルなタイプ。もちろんワッフルメーカーを使っても。

## ジャムロールケーキ

誰にでも喜ばれるロールケーキ。
繰り返し作っているお気に入りのレシピです。

材料 (30cm角の天板1台分)
<卵黄生地>
卵黄 ――――――――――― 3個分
てんさい糖 ―――――――― 30g
菜種油 ―――――――――― 大さじ2
豆乳 ――――――――――― 50ml
薄力粉 ―――――――――― 70g
<メレンゲ>
卵白 ――――――――――― 4個分
てんさい糖 ―――――――― 40g

ジャム(好みのもの) ――――― 適量

準備
・卵白はボールに入れて冷凍庫で5〜10分ほど冷やす。
・薄力粉はふるう。
・天板にオーブンシートを敷く。
・オーブンは180℃(ガスオーブンの場合は170℃)に温める。

作り方
1 生地は「バニラシフォン」のレシピ1〜7と同様の手順で作る。ただし、メレンゲは角が立つくらいかために仕上げる。
2 天板に生地を流し入れて表面を平らにならし、オーブンの上段で14分焼く。真ん中に竹串を刺して、何もついてこなければ焼き上り。天板からはずし、紙をつけたまま冷ます。
3 生地が完全に冷めたら紙をはずし、焼き色がついた面を上にして、ジャムを全体にぬる。手前から巻き上げてラップフィルムでくるみ、冷蔵庫で30分以上落ち着かせてからカットする。

最初に芯を作り、転がすように巻いていきます。

## おやつの贈り物ラッピング

お菓子のプレゼントはみんなに喜ばれるので、手みやげにしたり、記念日に贈ることもしばしばです。なるべくごみが出ないようにラッピングしたいのですが、せっかく届けたお菓子がぱさぱさしていたり、くずれてしまっては悲しい。ラッピングのかわいさも大切にしたいから、おうちにとっておいた保存瓶やお気に入りの布を使って……。贈った後も捨てずに使ってもらえるさり気ないラッピングを、スタイリストの大谷マキさんにリクエストしました。

アンティークのガラス瓶に香ばしく焼き上がったスコーンを詰めて贈ります。中ぶたのようにはさんだ、かぎ針編みのコースターがアクセントに。

クッキーを詰め合わせたのは、捨てられずにいたかわいい空き缶。パズルのピースを埋めるようにぴったり詰めたら、クッキーが割れずに、ちゃんと届けることができそうです。

ばりっと張りのある、ざくざくに織られた布で、おばあちゃんが持っていたようなあずま袋をちくちく縫いました。セロファンで包んだシフォンケーキがほんのり透けておいしそう。

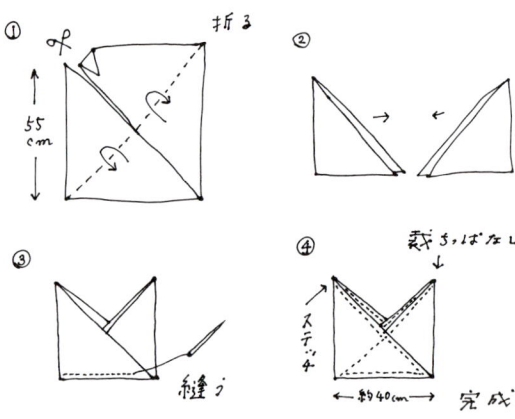

〈あずま袋 作り方〉

まあるいガトーショコラは花びらのように、キャロットケーキはスカラップにラッピングペーパーを切り抜いて、ケーキのおいしさをちらりとのぞかせました。乾燥しないよう、先にセロファンでぴっちり包んでおきます。

# クッキー、etc.

さくさくの食感と粉の風味を引き出すために、
じっくりのんびり焼き上げたクッキー。
甘さもぐっと控えめですが、かみしめると
じんわり素材の味が広がる、まさに"ごはんのようなおやつ"です。
他にも豆腐や豆乳を使ったスコーンやマフィン、
油を使わないビスコッティや全粒粉だけのブラウニーなど、
ヘルシーで簡単に作れる小さな焼き菓子がそろいました。

酒かすクラッカー

# 酒かすクラッカー

珍しい玄米の酒かすを使った、塩味のクラッカーです。焼き上げるとほんのりチーズのような香りがして、食欲をそそります。たっぷり入れたごまがぷちぷちはじけて、おやつだけでなく、お酒のおつまみにも人気のクラッカーです。

**材料**(3×3cmのもの約60枚分)

| | |
|---|---|
| 薄力粉 | 100g |
| 塩 | 小さじ1/3 |
| 黒ごま | 大さじ1 1/2 |
| 玄米酒かす | 大さじ3 |
| 菜種油 | 大さじ2 |
| 水 | 大さじ2 |

**準備**

・オーブンシートは天板の大きさにカットする。
・オーブンは170℃(ガスオーブンの場合は160℃)に温める。

**作り方**

**1** ボールに薄力粉、塩、黒ごまを入れて、玄米酒かすをほぐして加え、ざっと手で全体をかき混ぜる。

**2** 菜種油を加え、さらさらの状態になるまで手ですり混ぜる。酒かすは粒のままでいい。

**3** 水を少しずつ加え混ぜながら、生地をひとまとめにする。でき上がった生地は、ねかすと油がしみ出して食感が悪くなってしまうので、そのつど焼くようにする。

**4** オーブンシートの上に生地を置き、めん棒で厚さ4mm程度にのばす。

**5** カードなどで3×3cmくらいの格子状になるよう軽く筋目をつけ、フォークで空気穴をあける。

**6** 170℃のオーブンで20〜25分焼く。表面をさわってみて、しっかりかたくなっていたら焼上り。そのまま天板の上で冷まし、冷めたら筋目にそって割る。

・形はお好みで、型で抜いたり、細長くスティック状にしても食感が変わって楽しい。
・塩は精製されていない自然塩を使うようにしてください。つんとした塩気がなく、まろやかな味に仕上がります。
・加える水の量は気温や湿度で変わることがあります。まとまりにくいときは少し足してください。

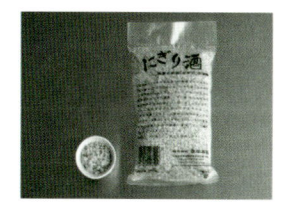

寺田本家の玄米酒かす「にぎり酒」。一般的な板状ではなく、つぶつぶが残る玄米のような状態です。我が家ではすり鉢ですって、かす汁にしたり、お料理にも活用しています。

モカクッキー
フルーツロールクッキー

チョコチップクッキー　　メイプルビスケット　　キャラメルナッツクッキー

# フルーツロールクッキー

滋養のあるドライフルーツとナッツがぎっしり詰まったパワーバー。
携帯して、疲れたときの栄養補給にどうぞ。

### 材料（3×10cmのもの約10本分）

| | |
|---|---|
| 薄力粉 | 100g |
| てんさい糖 | 20g |
| 塩 | ひとつまみ |
| 菜種油 | 大さじ2 |
| 水 | 大さじ2 |
| ＜フルーツフィリング＞ | |
| レーズン | 50g |
| ドライアプリコット | 3個 |
| プルーン | 3個 |
| くるみ | 20g |
| シナモン | 少々 |
| 水 | 大さじ1 |

### 準備

・オーブンシートは天板の大きさにカットする。
・オーブンは170℃（ガスオーブンの場合は160℃）に温める。

### 作り方

1　手順は「酒かすクラッカー」と同様にする。ボールに薄力粉、てんさい糖、塩を入れてざっと混ぜる。

2　菜種油を加え、さらさらになるまで手ですり混ぜる。

3　水を少しずつ加え混ぜ、ひとまとめにする。

4　フルーツフィリングを作る。くるみ以外の材料をフードプロセッサーに入れて回す。フルーツが細かくなってきたらくるみを加え、さらに少し回す。

5　台の上で3の生地を10×30cmにのばし、4のフィリングをのせて半分に折る。再びのばして、10×30cmにする。

6　オーブンで25〜30分焼く。粗熱が取れたら、ナイフで10等分にカットする。

---

フィリングは焦げやすいので、なるべく生地からはみ出ないように成形します。

フードプロセッサーがない場合は、すべての材料を包丁で細かく刻んで、よく混ぜてください。

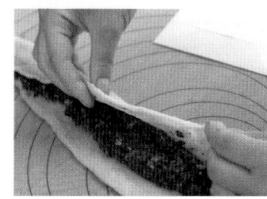

広げた生地の中央に、芯を作るようにフィリングを置くとのばしやすいです。

# モカクッキー

薄めに焼き上げた、ほろ苦いコーヒークッキー。ココナッツをプラスしたら、ざくざくした食感と香ばしさがアップしました。
甘さと苦さのバランスをくずさないよう、砂糖のベストの量を見極めるために、試作を重ねてでき上がったレシピです。

### 材料(2×5cmの長方形約40枚分)

| | |
|---|---|
| 薄力粉 | 100g |
| てんさい糖 | 20g |
| 塩 | ひとつまみ |
| ココナッツファイン | 大さじ1½ |
| 菜種油 | 大さじ2 |
| インスタントコーヒー | 小さじ2 |
| ┌ 熱湯 | 大さじ1 |
| └ 水 | 大さじ1 |

### 準備

- インスタントコーヒーは熱湯を加えて溶かし、さらに水を加えて冷ます。
- オーブンシートは天板のサイズにカットする。
- オーブンは170℃(ガスオーブンの場合は160℃)に温める。

### 作り方

1　手順は「酒かすクラッカー」と同様にする。ボールに薄力粉、てんさい糖、塩、ココナッツファインを入れ、手でざっと混ぜる。

2　菜種油を加え、さらさらになるまで手ですり混ぜる。

3　コーヒー液を少しずつ加え混ぜ、ひとまとめにする。

4　オーブンシートの上に生地を置き、めん棒で厚さ4mm程度にのばす。カードなどで2×5cmくらいの格子状に軽く筋目をつけ、フォークで空気穴をあける。

5　オーブンで20〜25分焼く。表面をさわってみて、しっかりかたくなっていたら焼上り。そのまま天板の上で冷まし、冷めたら筋目にそって割る。

> 長く焼くとコーヒーの風味が飛んでしまうので、焼きすぎに気をつけてください。

生地にさわりすぎると焼き上げたときにかたくなってしまうので、手早く作業します。

オーガニックココナッツ。無漂白なので、ところどころ茶色っぽいところがあるのも、なんだか安心します。

# メイプルビスケット

見た目はほんとうにシンプルなビスケット、でも味はしみじみ。私の一番のお気に入りです。
全粒粉を加えることで、ざっくりした粉のうまみをプラス、ピーカンナッツでほろっとくずれる食感に仕上げました。
少し多めに加えた塩がアクセントになっています。

### 材料（直径5cmの菊型10枚分）

| | |
|---|---|
| 薄力粉 | 80g |
| 全粒粉 | 20g |
| ピーカンナッツ | 20g |
| 塩 | ふたつまみ |
| 菜種油 | 大さじ2 |
| メイプルシロップ | 大さじ2 |

### 準備

- ピーカンナッツは120℃のオーブンで15分ローストする。
- オーブンシートは天板の大きさにカットする。
- オーブンは170℃（ガスオーブンの場合は160℃）に温める。

### 作り方

1　フードプロセッサーにピーカンナッツを入れて、細かくなるまで粉砕する。

2　以下、手順は「酒かすクラッカー」と同様にする。ボールにピーカンナッツ、薄力粉、全粒粉、塩を入れ、手で全体をざっと混ぜる。菜種油を加え、さらさらになるまで手ですり混ぜる。

3　メイプルシロップを加え、大きく混ぜながら生地をひとまとめにする。

4　生地を8mmくらいの厚さにのばして型で抜き、フォークで空気穴をあけ、天板に並べて、オーブンで25〜30分焼く。

フードプロセッサーがない場合は、ピーカンナッツを包丁か、すり鉢で細かく砕いて使います。

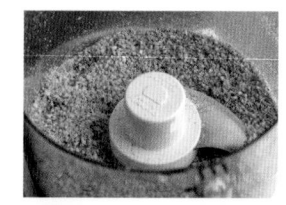

ピーカンナッツだけでは機械が回りにくい場合は、分量の薄力粉を少し加えてみましょう。

ピーカンナッツは、くるみより渋みが少なく、甘みがあっておいしい。必ずローストして使ってください。

# キャラメルナッツクッキー

わたしのお菓子工房「foodmood」で一番人気のクッキーです。
たっぷりのナッツをキャラメルでくるんで、クッキー生地に混ぜ込みました。
ぽりぽり、ざくざくの食感が、止まらないおいしさです。

### 材料(直径5cmの円形約10枚分)

| | |
|---|---|
| 薄力粉 | 100g |
| てんさい糖 | 20g |
| 塩 | ひとつまみ |
| ベーキングパウダー | 小さじ¼ |
| 菜種油 | 大さじ2 |
| 水 | 大さじ2 |

＜キャラメルナッツ＞

| | |
|---|---|
| 菜種油 | 小さじ2 |
| てんさい糖 | 小さじ2 |
| はちみつ | 小さじ2 |
| 水 | 小さじ1 |
| くるみ | 20g |
| アーモンド | 20g |

### 準備

- くるみ、アーモンドは120℃のオーブンで15分ローストして、粗く刻む。
- オーブンシートは天板の大きさにカットする。
- オーブンは170℃(ガスオーブンの場合は160℃)に温める。

### 作り方

1　キャラメルナッツを作る。フライパンに菜種油、てんさい糖、はちみつ、水を入れて火にかけ、軽く揺すりながら砂糖を溶かす。

2　全体が薄く茶色に色づき、泡が大きくなってきたらキャラメルになる少し手前でナッツを加え、ざっと全体を混ぜて火を止める。オーブンシートの上に広げて冷ます。

3　生地を作る。手順は「酒かすクラッカー」と同様にする。ボールに薄力粉、てんさい糖、塩、ベーキングパウダーを入れ、手でざっと混ぜる。

4　菜種油を加え、さらさらになるまで手ですり混ぜる。

5　水を少しずつ加え混ぜ、ひとまとめにする。

6　**5**の生地を2等分して10cm角くらいにそれぞれ広げる。片方に**2**のキャラメルナッツをのせ、もう片方の生地ではさむ。

7　カードで生地を10等分して、軽くまとめてからてのひらでつぶし、天板に並べる。

8　オーブンで25～30分焼く。

> キャラメルナッツを作るときは、キャラメルが濃い茶色になる前に火を止めます。加熱しすぎると焼き上げたとき、苦みが出るので注意してください。

はちみつの香りが漂って、いつもこのまま食べてしまいたい誘惑にかられます。できたては熱いので、やけどしないように注意してくださいね。

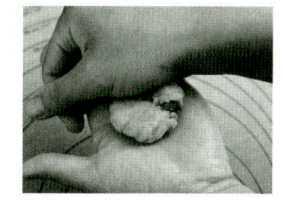

ナッツの位置はあまり気にせずラフにまとめたほうが、いろんな表情に焼き上がって楽しい。

# チョコチップクッキー

オートミールと全粒粉が入った、ざくざくの食感が楽しいクッキーです。
チョコレートをチャンク(かたまり)状にしてたっぷり加えているので、とっても食べごたえがあります。

### 材料(直径5cmの円形約10枚分)

| | |
|---|---|
| 薄力粉 | 50g |
| 全粒粉 | 20g |
| オートミール | 30g |
| てんさい糖 | 20g |
| 塩 | ひとつまみ |
| 菜種油 | 大さじ2 |
| 水 | 大さじ1強 |
| ビターチョコレート | 30g |

### 準備

・チョコレートは粗めに刻む(チョコチップならそのままで可)。
・オーブンシートは天板の大きさにカットする。
・オーブンは170℃(ガスオーブンの場合は160℃)に温める。

### 作り方

1　手順は「酒かすクラッカー」と同様にする。ボールに薄力粉、全粒粉、オートミール、てんさい糖、塩を入れ、ざっと混ぜる。

2　菜種油を加え、さらさらになるまで手ですり混ぜる。

3　水を少しずつ加え混ぜ、生地がまとまってきたらチョコレートを加え、ひとまとめにする。

4　生地を10等分して手で軽くつぶし、天板に並べる。

5　オーブンで25〜30分焼く。

チョコレートは細かくカットすると生地に溶けてなじんでしまうので、なるべく大きめにカットしたほうが食感が残っておいしいです。

軽く丸めた生地を手でぐっと押しつぶすようにして、ラフな形を作ります。

オートミールは燕麦を蒸してつぶしたもの。栄養満点なので、お菓子だけでなく、シリアルなど朝ごはんとしてもよく登場します。

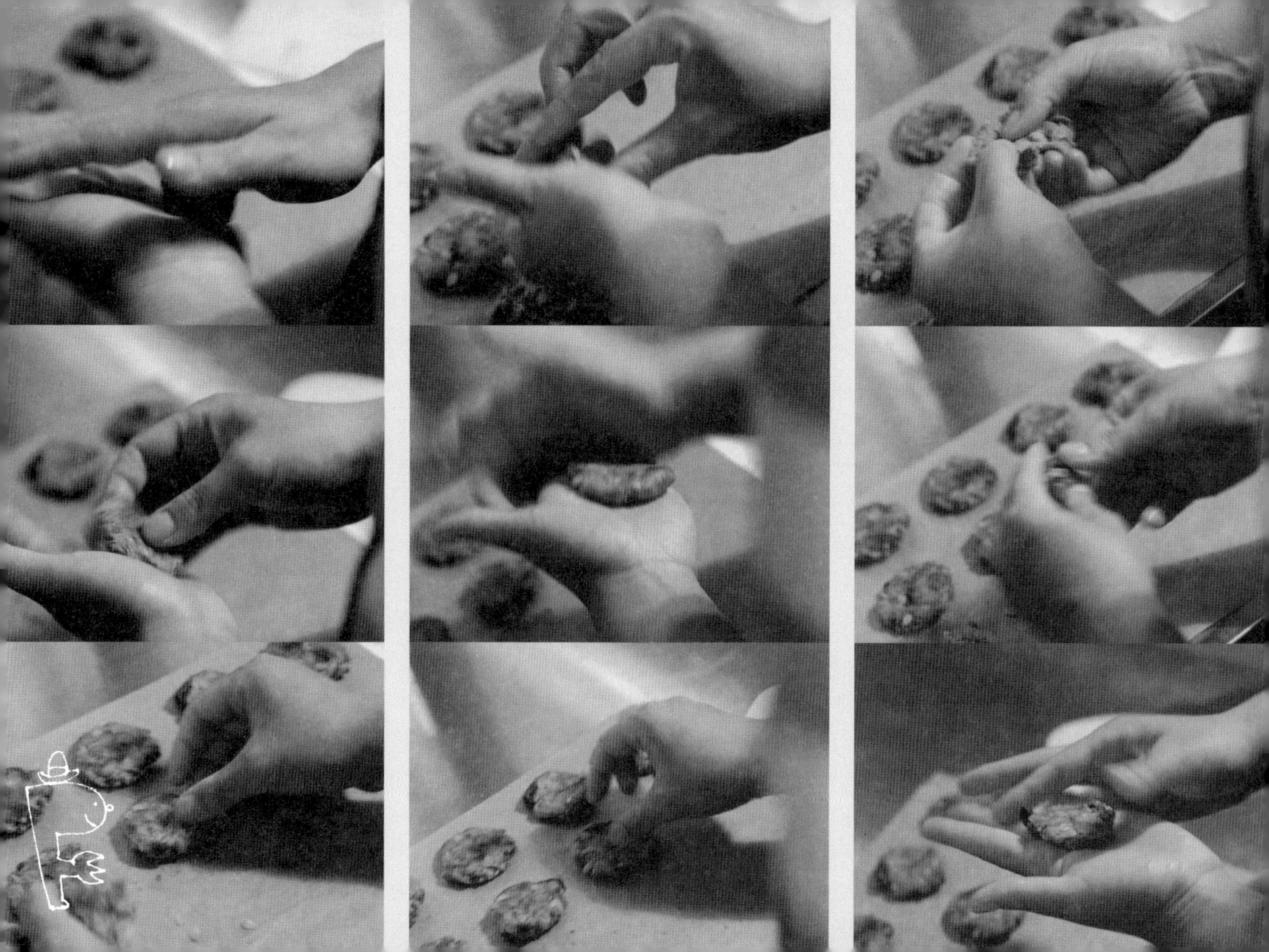

キャロットくるみスコーン

スコーン

全粒粉をプラスしたナチュラルなスコーン。
甘さは控えめなので、お好みで豆腐クリームを添えてどうぞ。

ごまきなこスコーン

# キャロットくるみスコーン

にんじんの甘みが広がる、やさしい味のスコーン。粗めにすりおろしてにんじんの食感を出しています。
豆腐クリームとはちみつをたっぷりのせて、大きな口でほおばるとなんとも幸せな気分になるおいしさです。

材料(直径5cmの丸型約8個分)

- A 薄力粉 ———— 100g
- 全粒粉 ———— 30g
- きび砂糖 ———— 大さじ2
- 塩 ———— ひとつまみ
- シナモン ———— 少々
- ベーキングパウダー ———— 小さじ1
- 菜種油 ———— 大さじ2
- にんじん ———— 1/2本(約70g)
- 豆乳 ———— 大さじ1〜
- くるみ ———— 20g

準備

・にんじんはすりおろす。水分が出ないよう、なるべく粗くおろす(フードプロセッサーを使ってもいい)。
・くるみは粗く刻む。
・オーブンシートは天板の大きさにカットする。
・オーブンは180℃(ガスオーブンの場合は170℃)に温める。

作り方

1　ボールにAを入れ、手でざっと混ぜる。
2　菜種油を加え、さらさらになるまで手ですり混ぜる。
3　すりおろしたにんじんを加え、豆乳を耳たぶぐらいのかたさになるように少量ずつ入れ、まとまってきたらくるみを加える。
4　めん棒で厚さ2cmにのばして丸型で抜き、好みで表面につや出しの豆乳をぬり、180℃のオーブンで20分焼く。

にんじんの水分によって生地のかたさが変わってくるので、豆乳は様子を見て加減してください。

「鬼おろし」を使うと、粗めにおろせて水分も出にくくなります。

# 豆腐クリーム

材料(作りやすい分量)

- 木綿豆腐 ———— 1/2丁(200g)
- はちみつ ———— 大さじ2

作り方

1　鍋に湯を沸かして豆腐をそっと入れ、ふつふつ沸騰している状態で5分ほど煮る。ざるに上げてキッチンペーパーに包み、1時間ほど水気をきる。
2　フードプロセッサーに水きりした豆腐をちぎって入れ、はちみつを加えて混ぜ、ペースト状にする。フードプロセッサーがない場合はすり鉢ですり混ぜる。

豆腐はなるべくしっかり水気をきったほうが、クリームチーズのような、濃厚な食感になります。

# ごまきなこスコーン

きなこの香ばしい風味と黒ごまのぷちぷちが楽しい、和風のスコーン。
豆腐クリームに黒みつやあずきをトッピングするのが私のお気に入りの食べ方です。

### 材料(直径5cmの丸型約6個分)

| | | |
|---|---|---|
| A | 薄力粉 | 100g |
| | 全粒粉 | 大さじ2 |
| | きび砂糖 | 大さじ2 |
| | 塩 | ひとつまみ |
| | 黒ごま | 大さじ1 |
| | きなこ | 大さじ2 |
| | ベーキングパウダー | 小さじ1 |
| 菜種油 | | 大さじ2 |
| 豆乳 | | 大さじ2 |

### 準備

・オーブンシートは天板の大きさにカットする。
・オーブンは180℃(ガスオーブンの場合は170℃)に温める。

### 作り方

1　ボールにAを入れ、手でざっと混ぜる。
2　菜種油を加え、さらさらになるまで手ですり混ぜる。
3　豆乳を少しずつ加え混ぜ、耳たぶくらいのかたさを目安に生地をひとまとめにする。かたければ豆乳を少し足す。
4　生地をめん棒で厚さ2cmにのばして丸型で抜き、好みで表面につや出しの豆乳をぬってごま(共に分量外)を飾り、オーブンで20分焼く。

さっくり焼きたてがおいしいスコーンなので、冷めたときはアルミフォイルに包み、オーブントースターで温め直してくださいね。

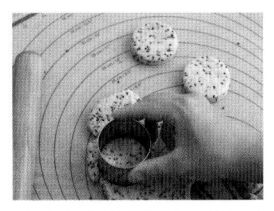

余った生地は型で抜かずに、手で軽く丸めて焼いてもOK。

わたしが使っているベーキングパウダーはアルミニウムが添加されていないナチュラルタイプ。写真はラムフォード社のノンアルミニウムベーキングパウダー。素材の味を損なわないよう、量は少なめにしています。

チョコバナナマフィン
かぼちゃマフィン

# マフィン

材料をどんどん混ぜていくだけでできる簡単マフィン。
生地に豆腐を練り込んでいるので、冷めてもやわらかく、
しっとりしているのが特徴です。

ブルーベリーマフィン
ジャムマフィン

## チョコバナナマフィン

ココア生地に、バナナとチョコレートをトッピングした、食べごたえのあるマフィンです。

### 材料（直径8cmのプリン型4個分）

A ┌ 豆腐 ──────── 120g
　├ 菜種油 ─────── 大さじ2
　└ メイプルシロップ ── 大さじ3
B ┌ 薄力粉 ─────── 100g
　├ ココア ─────── 大さじ1
　├ 塩 ───────── ひとつまみ
　└ ベーキングパウダー ─ 小さじ1
バナナ ────────── 100g
チョコレート ─────── 50g

### 準備

・バナナは粗くつぶす。
・チョコレートは大きめに刻む（チョコチップならそのままで可）。
・Bは合わせてふるう。
・プリン型に紙カップを敷く。
・オーブンは180℃（ガスオーブンの場合は170℃）に温める。

### 作り方

1　フードプロセッサーにAを入れ、なめらかになるまで撹拌する。（フードプロセッサーがない場合は、豆腐を泡立て器でつぶし、菜種油、メイプルシロップを少しずつ加えてよく混ぜる）
2　ボールに1を移し、Bを一度に加え、ゴムべらで粉気がなくなるまでさっくりと、練らないように混ぜる。
3　バナナとチョコレートを加えて大きく混ぜる。
4　生地を4等分して型に入れ、スライスしたバナナと刻んだチョコレート（共に分量外）を飾り、オーブンで25分焼く。

🍊 バナナは粗くつぶすと食感が残り、ピュレにすると生地となじんでしっとり焼き上がります。

🍊 上にスライスしたバナナとチョコをのせて焼くと、ぐっと華やかになります。

## かぼちゃマフィン

つぶしたかぼちゃを加えることで、生地がしっとり焼き上がります。皮を少し残して加えると、彩りがきれいですよ。

### 材料（直径8cmのプリン型4個分）

A ┌ 豆腐 ──────── 120g
　├ 菜種油 ─────── 大さじ2
　└ メイプルシロップ ── 大さじ3
B ┌ 薄力粉 ─────── 100g
　├ 塩 ───────── ひとつまみ
　└ ベーキングパウダー ─ 小さじ1
かぼちゃ ───────── 100g（約⅛個）
スライスアーモンド ──── 適量

### 準備

・Bは合わせてふるう。
・かぼちゃは皮を少し残して一口大にカットし、やわらかくゆでて、フォークの背でざっとつぶす。
・プリン型に紙カップを敷く。
・オーブンは180℃（ガスオーブンの場合は170℃）に温める。

### 作り方

1　手順は「チョコバナナマフィン」と同様にする。フードプロセッサーにAを入れ、なめらかになるまで撹拌する。
2　ボールに1を移し、Bを一度に加え、ゴムべらで粉気がなくなるまでさっくりと、練らないように混ぜる。
3　全体が混ざったところでかぼちゃを加え、ざっと混ぜる。生地を4等分して型に入れ、スライスアーモンドを飾り、オーブンで25分焼く。

🍊 トッピングはスライスアーモンド以外に、くるみやかぼちゃの種などもよく合います。

🍊 かぼちゃがゆで上がったら、水分を飛ばしてからフォークの背でざっくりつぶします。粗めに、食感を残す感じで。

## ジャムマフィン

とろーり、ジャムが生地にしみ込んだジューシーなマフィン。
半端に残ったジャムを使いきるのにおすすめです。

### 材料（直径8cmのプリン型4個分）
A 豆腐 ──────── 120g
　菜種油 ─────── 大さじ2
　メイプルシロップ ── 大さじ3
B 薄力粉 ─────── 100g
　塩 ───────── ひとつまみ
　ベーキングパウダー ── 小さじ1
ジャム（好みのもの）── 小さじ4

### 準備
・Bは合わせてふるう。
・プリン型に紙カップを敷く。
・オーブンは180℃（ガスオーブンの場合は170℃）に温める。

### 作り方
1　手順は「チョコバナナマフィン」と同様にする。フードプロセッサーにAを入れ、なめらかになるまで撹拌する。

2　ボールに1を移し、Bを一度に加え、ゴムべらで粉気がなくなるまでさっくりと、練らないように混ぜる。

3　型に4等分した生地の半量を入れ、ジャムを小さじ1ずつ落とし、残りの生地を入れる。オーブンで20～25分焼く。

ジャムは焼き上げるとゆるくなるので、果実感がしっかり残ったかためのものがよく合います。

生地の間にジャムをはさむようなイメージで。中からとろっととけ出します。

たくさん果物が届いたときは、ジャムにしてゆっくり楽しんでいます。左からびわ、バナナ、ブルーベリー。

## ブルーベリーマフィン

ドライブルーベリーをたっぷり加えて焼き上げました。
甘酸っぱさが心地よいマフィンです。

### 材料（直径8cmのプリン型4個分）
A 豆腐 ──────── 120g
　菜種油 ─────── 大さじ2
　メイプルシロップ ── 大さじ3
B 薄力粉 ─────── 100g
　塩 ───────── ひとつまみ
　ベーキングパウダー ── 小さじ1
ドライブルーベリー ─── 40g

### 準備
・Bは合わせてふるう。
・プリン型に紙カップを敷く。
・オーブンは180℃（ガスオーブンの場合は170℃）に温める。

### 作り方
1　手順は「チョコバナナマフィン」と同様にする。フードプロセッサーにAを入れ、なめらかになるまで撹拌する。

2　ボールに1を移し、Bを一度に加え、ゴムべらで粉気がなくなるまでさっくりと、練らないように混ぜる。

3　ドライブルーベリーを加えて手早く混ぜる。生地を4等分して型に入れ、オーブンで25分焼く。

冷凍のブルーベリー80gでも同じように作れます。凍ったまま生地に加えてください。

ドライブルーベリーは色が生地に移りやすいので、なるべく手早く、さっくり混ぜ合わせます。

小粒ですがおいしさがぎゅっと濃縮された、オーガニックのドライブルーベリー。

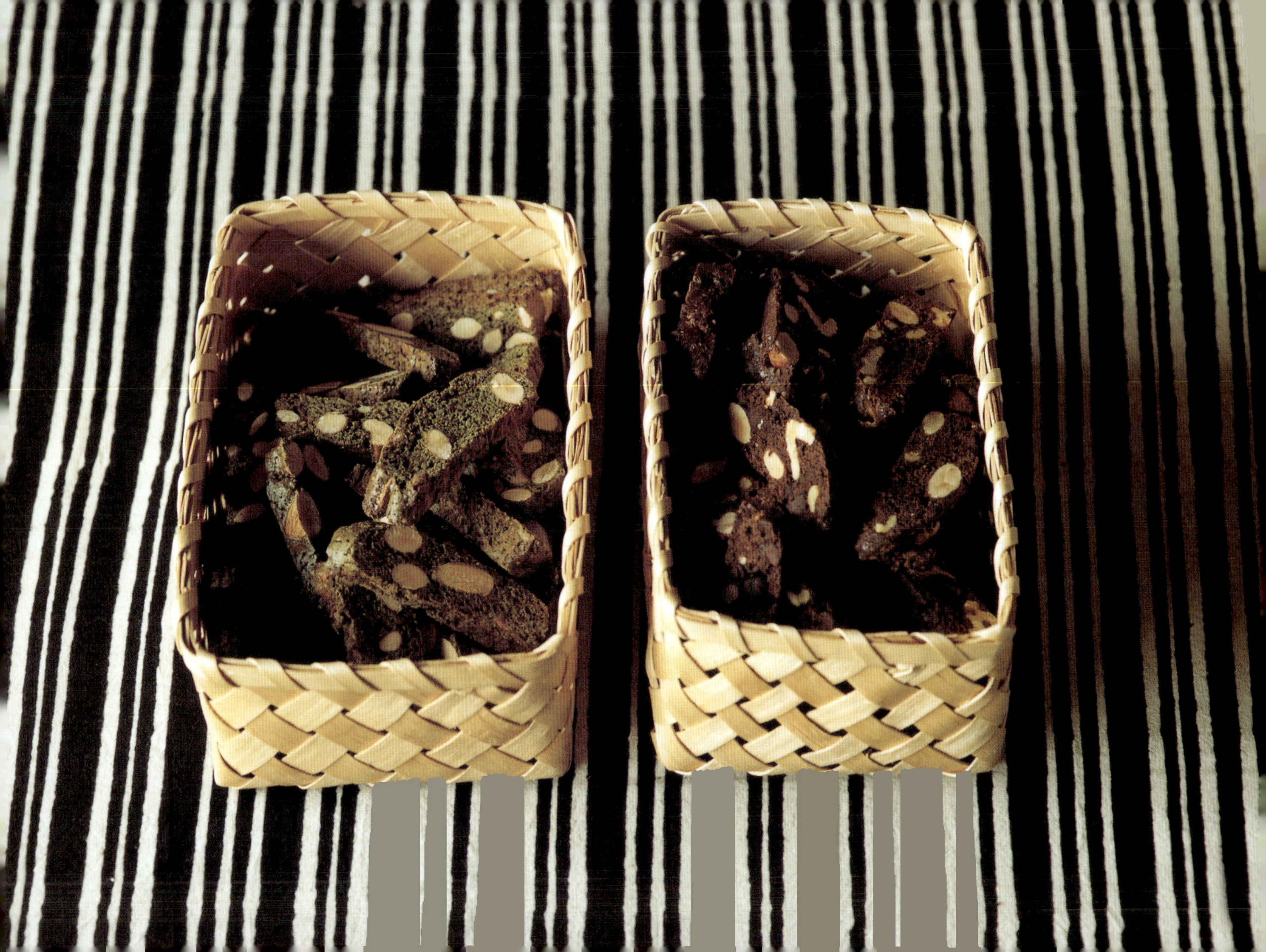

イタリアの焼き菓子ビスコッティは、ちょっぴりかたいので、
コーヒーなど飲み物に浸して食べるのがおすすめ。
乳製品も油脂も入らないのでとってもヘルシーなお菓子です。

# ビスコッティ

黒糖とチョコレートのビスコッティ
抹茶と桜のビスコッティ

# 抹茶と桜のビスコッティ

抹茶の生地に、ほんのり塩気のある桜の花の塩漬けを散らした、和風のビスコッティ。
ほろ苦い抹茶の風味が後をひきます。

**材料(3×6cmのもの約26本分)**
薄力粉————————————100g
抹茶—————————————大さじ1
ベーキングパウダー——————小さじ2/3
てんさい糖———————————70g
卵——————————————1個
アーモンド———————————100g
桜の花の塩漬け—————————20g

**準備**
・アーモンドは120℃のオーブンで15分ローストし、粗く刻む。
・桜の花の塩漬けは水に10分ほどつけて塩気を抜き、水気を絞る。
・薄力粉、抹茶、ベーキングパウダーは合わせてふるう。
・オーブンシートは天板の大きさにカットする。
・オーブンは180℃(ガスオーブンの場合は170℃)に温める。

**作り方**
1　ボールにふるった粉類とてんさい糖を入れ、ざっと混ぜる。
2　粉の中心を少しくぼませたところに、といた卵を一度に加え、ゴムべらで卵の水分を粉に押しつけるようにして混ぜていく。粉気がまだ少し残っているところで、アーモンド、桜の花の塩漬けを加えてひとまとめにする。
3　オーブンシートの上に生地を2等分して置き、それぞれ5×18cmくらいの細長いなまこ形になるよう成形する。手に少し水をつけるとやりやすい。
4　180℃で20分焼き、一度取り出して1.5cmくらいの幅にスライスして天板に間をあけて並べ、150℃で30分焼いて水分を飛ばす。焼きたては割れやすいので、冷めるまで天板の上に置く。

桜の花の塩漬けは、水にさらしたものを味見したとき、ほんのり塩気が残る程度まで塩抜きします。

福島に住む友達が作って送ってくれる、山桜の花の塩漬け。春になるとシフォンケーキに焼き込んだり桜湯にしたり、おいしくいただいています。

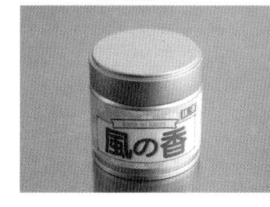

有機栽培、無農薬の抹茶。自然食品店などで手に入ります。製菓用ではなく、飲んでおいしいものを選んでいます。

# 黒糖とチョコレートのビスコッティ

チョコレートとナッツがぎっしり詰まった、食べごたえのあるビスコッティ。
黒糖でこくのある甘みに仕上げました。

### 材料(3×6cmのもの約30本分)
薄力粉 ──────────── 80g
ココア ──────────── 20g
ベーキングパウダー ──── 小さじ2/3
黒砂糖 ──────────── 70g
卵 ─────────────── 1個
チョコレート ───────── 100g
くるみ ──────────── 50g
アーモンド ────────── 50g

### 準備
・くるみ、アーモンドは120℃のオーブンで15分ローストする。
・チョコレートは粗く刻む。
・薄力粉、ココア、ベーキングパウダーは合わせてふるう。
・オーブンシートは天板の大きさにカットする。
・オーブンは180℃(ガスオーブンの場合は170℃)に温める。

### 作り方
1　ボールにふるった粉類と黒砂糖を入れ、ざっと混ぜる。
2　粉の中心を少しくぼませたところに、といた卵を一度に加え、ゴムべらで卵の水分を粉に押しつけるようにして混ぜていく。粉気がまだ少し残っているところで、チョコレートとナッツを加えてひとまとめにする。
3　オーブンシートの上に生地を2等分して置き、それぞれ5×20cmくらいの細長いなまこ形になるよう成形する。手に少し水をつけるとやりやすい。
4　180℃で20分焼き、一度取り出して1.5cmくらいの幅にスライスして天板に間をあけて並べ、150℃で30分焼いて水分を飛ばす。焼きたては割れやすいので、冷めるまで天板の上に置く。

具が多いので、混ぜにくいときは手とカードを使って生地を折りたたむようにして、具がまんべんなく混ざるようにします。

中央を少し高くしたなまこ形に成形すると、カットしたときの形がきれいです。

オーブンから出したてはチョコレートがやわらかくてくずれやすいので、5〜10分おいて粗熱を取ってからカットします。

ブラウニー

全粒粉のブラウニー

# 全粒粉のブラウニー

ざっくり、ほろっと口の中でほどける、全粒粉だけで作ったブラウニー。
たっぷりのコーヒーを用意して少しずつ楽しみたいおやつです。

### 材料(30cm角の天板1台分)
- 全粒粉 ———————— 60g
- ココア ———————— 20g
- 卵 —————————— 2個
- きび砂糖 ———————— 80g
- ビターチョコレート ——— 150g
- 菜種油 ———————— 50ml
- ピーカンナッツ ————— 80g

### 準備
- 全粒粉とココアは合わせてふるう。
- チョコレートは細かく刻む。
- ピーカンナッツは100℃のオーブンで15分ほどローストして、飾り用を残して粗く刻む。
- 天板にオーブンシートを敷く。
- オーブンは170℃（ガスオーブンの場合は160℃）に温める。

### 作り方
1 ボールに卵、きび砂糖を入れて泡立て器でほぐす。
2 別のボールにチョコレート、菜種油を入れ、湯せんにかけてチョコレートを溶かす。
3 1のボールに2のチョコレートを加え、よく混ぜる。
4 ふるった全粒粉とココアを加え、ゴムべらでざっと混ぜたら刻んだピーカンナッツを加える。天板に生地を流し入れ、上に飾り用のピーカンナッツを飾る。
5 オーブンで20分焼く。竹串で中心を刺し、生地がついてこなければ焼き上り。天板からはずして網の上で冷まし、冷めてから紙をはずして食べやすい大きさにカットする。

天板ではなく、20cm角のケーキ型で焼くと、ちょっぴり厚めに仕上がって、こちらもおすすめ。その際は焼き時間を少し長めにしてくださいね。

プレゼントなど贈り物にするときは、端を切り落として正方形にしています。もちろん、カットしたところは自分用のおやつに。

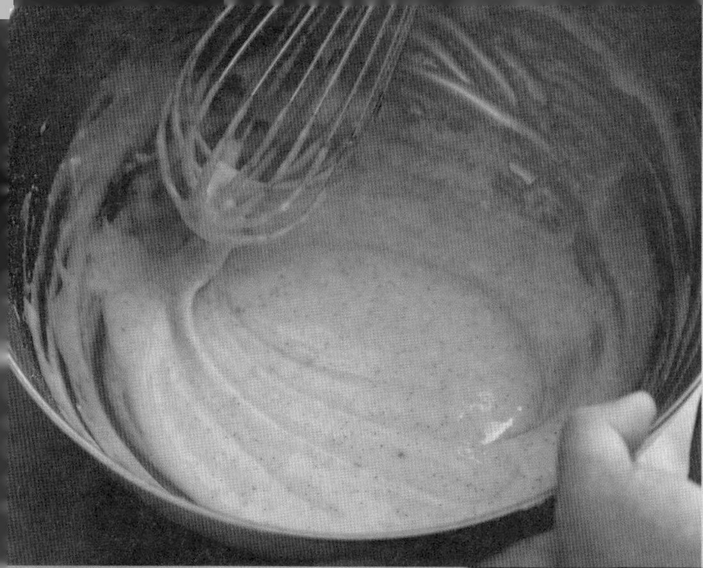
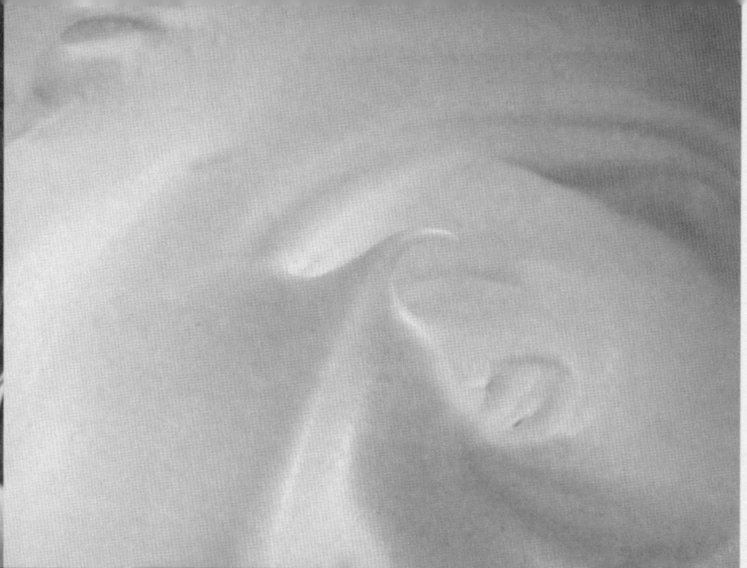
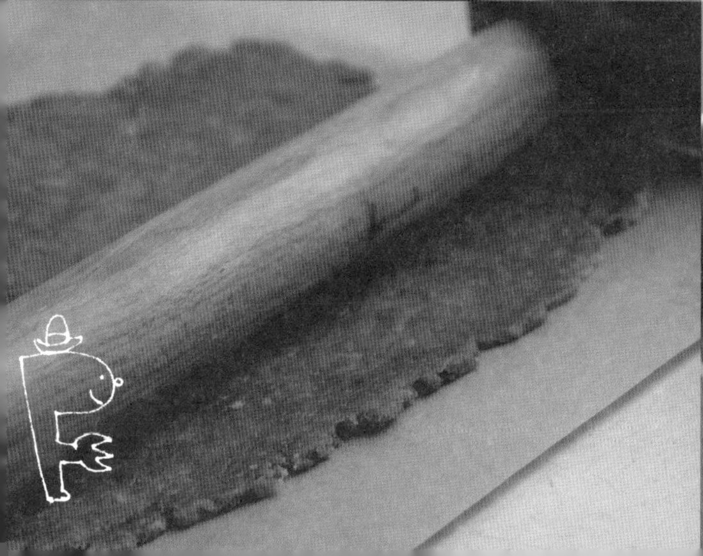
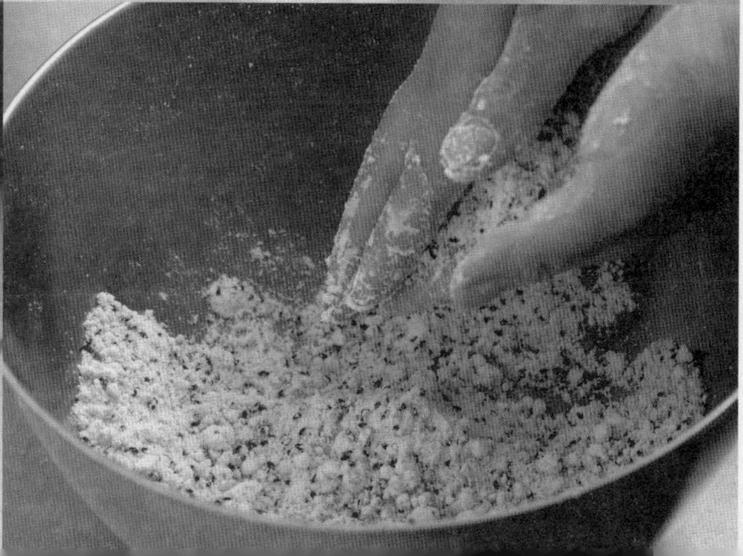

# ケーキ

ケーキというよりは軽食？ わたしが作るケーキはドライフルーツやナッツなど、滋養のある素材をたっぷり詰め込んで焼きます。膨張剤は極力使わずに、新鮮でおいしい卵の力でふくらませました。一切れでもどっしり食べごたえがあるので、時間のない日の朝ごはんや、お出かけのバッグにしのばせて連れていってほしい……そんな思いをこめて焼き上げています。

バナナケーキ

# バナナケーキ

バナナをたっぷり2本分閉じ込めた、重量感のあるケーキです。
ほんのちょっぴり加えたコーヒーが、甘さをぎゅっと引き締めています。
冷やしてもよし、オーブントースターで軽く温めると、バナナの香りが引き立ちます。

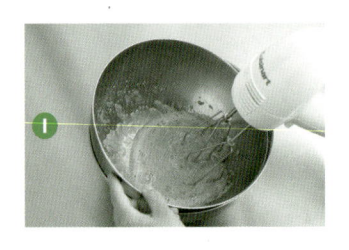

**材料**(9×22×高さ6cmのパウンド型1台分)

| | |
|---|---|
| 薄力粉 | 120g |
| 全粒粉 | 20g |
| アーモンドパウダー | 20g |
| 卵 | 2個 |
| てんさい糖 | 60g |
| 菜種油 | 60ml |
| インスタントコーヒー | 小さじ½ |
| 　熱湯 | 大さじ1 |
| 豆乳 | 大さじ1 |
| バナナ | 200g(約2本分) |
| ココナッツファイン | 20g |
| くるみ | 20g |

**準備**
・バナナはフォークの背で粗くつぶす。
・くるみは粗く刻む。
・薄力粉、全粒粉、アーモンドパウダーは合わせてふるう。
・コーヒーは熱湯で溶かした後、豆乳と混ぜておく。
・型にオーブンシートを敷く。
・オーブンは170℃(ガスオーブンの場合は160℃)に温める。

**作り方**

1　ボールに卵とてんさい糖を入れてハンドミキサーの低速でほぐし、別のボールにお湯を張って、湯せんにしながら高速で泡立てる。

2　人肌に温まったら湯せんをはずし、もったりと跡が残るくらいまでしっかり泡立てる。

3　低速にして、菜種油、コーヒー液の順に加えて泡立てる。全体が混ざったらゴムべらに持ち替え、バナナを加えてざっくりと混ぜる。

4　ふるった粉類を加え、ゴムべらでさっくり混ぜる。粉気が少し残っているところでココナッツファイン、くるみも加え、底から返しながらつやが出るまでしっかり混ぜる。

5　型に生地を流し入れ、軽くトンと落として気泡を抜き、スライスしたバナナ(分量外)を飾り、オーブンで45分焼く。

バナナはよく熟したものを選んで、食感を残すようにつぶしてください。

アップルクランブルケーキ

キャロットケーキ

# アップルクランブルケーキ

りんごの果肉が詰まったジューシーなケーキの上に、たっぷりのクランブル（そぼろ）を散らして焼き上げました。
りんごのおいしい季節にぜひ作りたいケーキです。

材料（直径18cmの丸型1台分）
薄力粉――――――――――140g
卵――――――――――――2個
メイプルシュガー――――――50g
菜種油――――――――――60ml
＜アップルジャム＞（200gを使う）
りんご――――――――――2個
てんさい糖――――――――大さじ2

ラムレーズン（レーズンをラム酒に1日
　以上漬け込んだもの）――大さじ2

＜クランブル＞
薄力粉――――――――――50g
くるみ――――――――――50g
シナモン―――――――――小さじ1/3
菜種油――――――――――大さじ1
メイプルシロップ――――――大さじ1

準備
・くるみは粗く刻む。
・型にオーブンシートを敷く。
・オーブンは170℃（ガスオーブンの場合は160℃）に温めておく。

作り方

1　アップルジャムを作る。りんごは皮をむいて一口大に切って鍋に入れ、てんさい糖をからめて中火にかける。りんごから水分が出てきたら火を強めて、水気を飛ばすようにして少し形を残して煮つめ、冷ましておく。

2　クランブルを作る。ボールに薄力粉、刻んだくるみ、シナモンを入れて、手でざっと混ぜ、菜種油を入れてすり混ぜ、メイプルシロップを加えてぽろぽろとしたそぼろ状にする。

3　別のボールに卵とメイプルシュガーを入れてハンドミキサーの低速でほぐし、湯せんにしながら高速で泡立てる。

4　人肌に温まったら湯せんをはずし、もったりと跡が残るくらいまでしっかり泡立てる。

5　低速にして菜種油を少量ずつ加え混ぜ、ゴムべらに持ち替え、アップルジャム、ラムレーズンを加えてよく混ぜる。

6　薄力粉をふるいながら加え、ゴムべらでさっくり混ぜる。型に生地を流し入れ、上にクランブルを散らし、オーブンで40分焼く。

ケーキには酸味のある紅玉を使うと、めりはりのある味に仕上がるような気がします。酸味が少ないときは、レモン汁を少量加えてみてください。

少し形が残る程度に仕上げます。このまま食べても、パンにつけてもおいしいアップルジャムです。

クランブルの粒は少しふぞろいなほうが、素朴な感じに仕上がります。

# キャロットケーキ

すりおろしたにんじんをたっぷり加えたら、見た目もやさしいオレンジ色になりました。
時間を追うごとにしっとりしてくる生地に、スパイスがなじんでいきます。にんじん嫌いさんにもぜひ試してほしいケーキです。

### 材料(15cm角の型1台分)

| | |
|---|---|
| 薄力粉 | 140g |
| シナモン | 小さじ1/3 |
| ナツメッグ、クローブ | 各少々 |
| 卵 | 2個 |
| きび砂糖 | 60g |
| 菜種油 | 60ml |
| にんじん | 1 1/2本(約200g) |
| レーズン | 50g |

### 準備

- 薄力粉とスパイスは合わせてふるう。
- にんじんは食感が残るように、なるべく粗めのおろし金ですりおろす。
- 型にオーブンシートを敷く。
- オーブンは170℃(ガスオーブンの場合は160℃)に温める。

### 作り方

1　ボールに卵ときび砂糖を入れてハンドミキサーの低速でほぐし、別のボールにお湯を張って、湯せんにしながら高速で泡立てる。
2　人肌に温まったら湯せんをはずし、泡立て器を持ち上げたときにもったりと跡が残るくらいまでしっかり泡立てる。
3　低速にして菜種油を少量ずつ加え、ゴムべらに持ち替え、すりおろしたにんじんを加え混ぜる。
4　ふるった粉類を加えてゴムべらでさっくりと混ぜ、少し粉気が残っているところでレーズンを加え、生地につやが出るまでしっかりと混ぜる。
5　型に生地を流し入れ、オーブンで40分焼く。

なるべく無農薬のにんじんを使って、皮も丸ごとすりおろすと、ぐんと風味が引き立ちます。

一般的なキャロットケーキでは、上にサワークリームのアイシングをのせますが、わたしはやっぱり豆腐クリーム(p.46参照)。もちもちとしたキャロットケーキの生地によく合います。

スイートポテトタルト

黒豆ガトーショコラ

# スイートポテトタルト

クッキー生地をアレンジしたタルト台に、さつまいもたっぷりのフィリングを詰めて焼き上げました。
焼きたてのほくほくを食べていただきたい一品です。

材料(直径8cmのタルト型8個分)
<タルト生地>
薄力粉————————100g
ココナッツファイン————20g
てんさい糖——————30g
塩————————ひとつまみ
菜種油——————大さじ2
水———————大さじ2
<フィリング>
さつまいも——————300g
てんさい糖——————大さじ2
はちみつ——————大さじ1
塩————————ひとつまみ
菜種油——————大さじ1
豆乳———————大さじ2
卵————————1個
薄力粉——————大さじ2

ココナッツファイン————20g
くこの実——————適量

準備
・型に菜種油(分量外)を薄くぬる。
・フィリング用の薄力粉はふるう。
・オーブンは170℃(ガスオーブンの場合は160℃)に温める。

作り方

1　タルト生地を作る。ボールに薄力粉、ココナッツファイン、てんさい糖、塩を入れ、手でざっと混ぜる。

2　菜種油を加えて手ですり混ぜ、さらさらの状態にする。

3　水を少しずつ加え混ぜ、生地をひとまとめにする。

4　生地をめん棒で4mmくらいの厚さにのばして型に敷き込み、フォークで空気穴を数か所あける。170℃に温めたオーブンで10分から焼きしてタルト台を作る。

5　フィリングを作る。さつまいもは皮をところどころ残して一口大に切る。鍋に入れて水をひたひたに加え、中火で煮る。竹串がすっと通るまでやわらかくなったら、残った水分を捨て、ボールに移す。

6　フォークでさつまいもを粗めにつぶし、てんさい糖、はちみつ、塩、菜種油、豆乳、といた卵の順に加え、そのつどゴムべらでよく混ぜる。最後に薄力粉を加え、練らないようにさっと混ぜる。

7　タルト台にフィリングをのせ、上にココナッツファインを散らす。オーブンで20分焼く。

8　水でもどしたくこの実を飾る。

直径18cmのタルト型1台でも同様に作ることができます。その際はから焼きを20分、フィリングを入れたら25〜30分焼いてください。

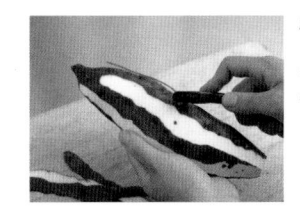

皮をところどころ残してむくと、焼き上げたときに皮の色がちらほら見えて、きれいです。

# 黒豆ガトーショコラ

洋菓子の定番、ガトーショコラも、菜種油と豆乳で仕上げたらちゃんと濃厚で、
どこか和菓子のようなやさしい味わいになりました。ごろごろ入った黒豆がアクセントです。

**材料**(直径18cmの丸型1台分)
＜チョコレート生地＞
ビターチョコレート ── 100g
菜種油 ── 50ml
卵黄 ── 3個分
豆乳 ── 50ml
ラム酒 ── 大さじ1
ココア ── 40g
＜メレンゲ＞
卵白 ── 3個分
きび砂糖 ── 60g

黒豆の甘煮(市販品) ── 80g

**準備**
・チョコレートは細かく刻む。
・ココアはふるう。
・型にオーブンシートを敷く。
・黒豆は水気をきって型の底に散らす。
・オーブンは170℃(ガスオーブンの場合は160℃)に温める。

**作り方**

1　チョコレート生地を作る。ボールに刻んだチョコレートと菜種油を入れ、湯せんにかけてチョコレートを溶かす。チョコレートが溶けたら湯せんをはずし、卵黄を1個ずつ加え、そのつど泡立て器でよく混ぜる。豆乳、ラム酒、ココアの順に加え、粉気がなくなるまでしっかり混ぜる。

2　メレンゲを作る。別のボールに卵白を入れてハンドミキサーの低速でほぐし、高速に変えてきび砂糖を3回に分けて加えながら、角が立つしっかりしたメレンゲを作る。最後に泡立て器に持ち替えてきめを整える。

3　チョコレート生地にメレンゲを3回に分けて加える。1、2回目は泡立て器でしっかりと、3回目はゴムべらに持ち替え、泡を消さないようにさっくりと混ぜる。

4　型に流し入れ、オーブンで30分焼く。竹串を刺して生地がついてこなければ焼上り。

焼きすぎるとガトーショコラ特有のしっとりした食感がなくなってしまうので、竹串を刺したとき、ぎりぎり生地がついてこないかたさでオーブンから出します。あとは余熱で火が通ります。

黒豆好きなら、たっぷり散らしても、大丈夫です。

最初はメレンゲが生地に混ざりにくいのですが、泡立て器でしっかり混ぜます。

アースケーキ

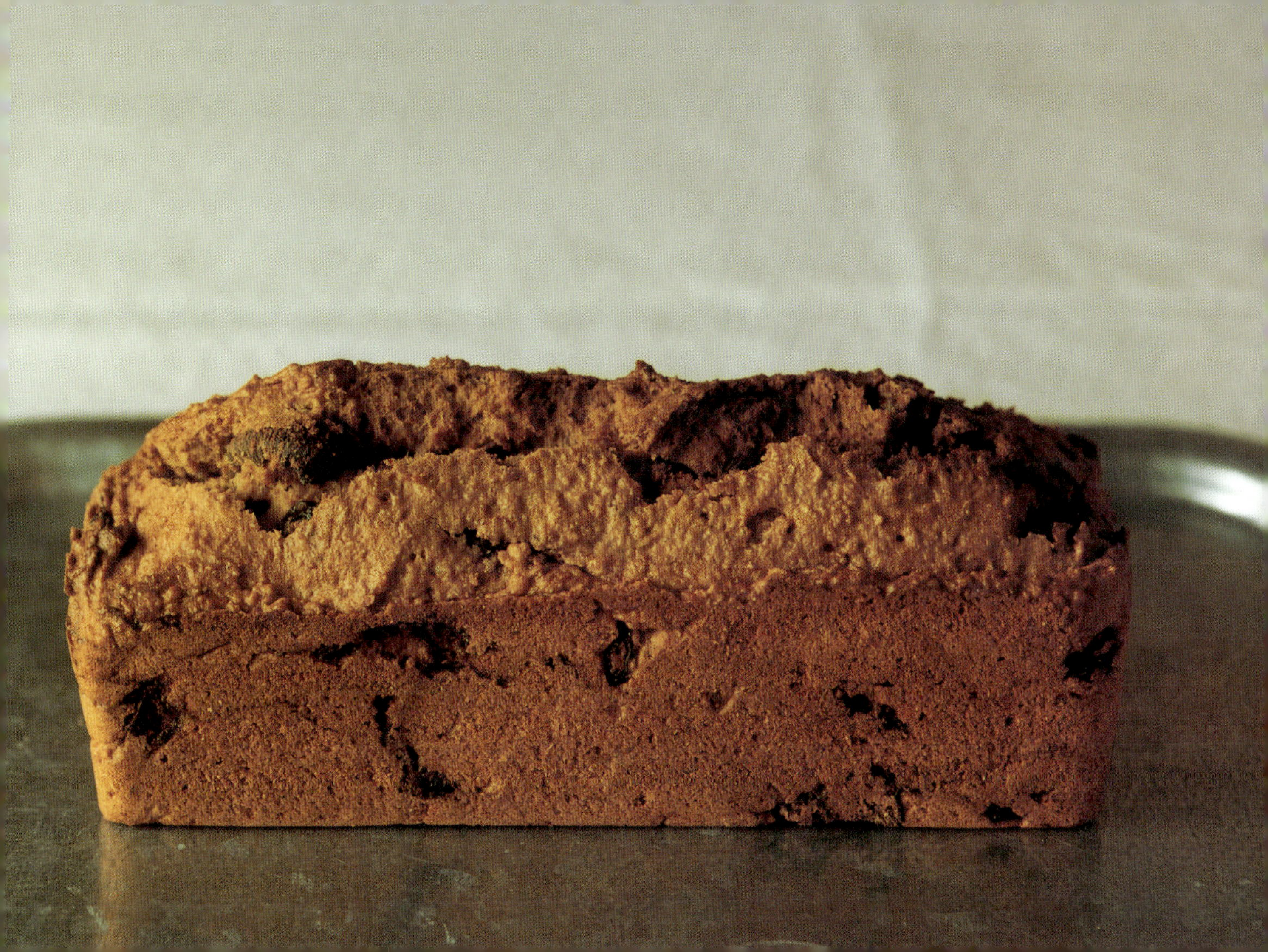

# アースケーキ

ドライフルーツとナッツをどっさり詰め込んで、混ぜたというよりは固めたというほうがぴったりな、
どっしりとしたケーキです。わたしの作るお菓子の象徴ともいえる、
この滋養のあるおやつに、感謝の気持ちをこめて、アースケーキと名づけました。

**材料**(9×22×高さ6cmのパウンド型1台分)

| | |
|---|---|
| 薄力粉 | 100g |
| 全粒粉 | 120g |
| アーモンドパウダー | 60g |
| 卵 | 2個 |
| メイプルシロップ | 100ml |
| 菜種油 | 60ml |
| くるみ | 60g |
| レーズン | 50g |
| ラム酒 | 大さじ1 |
| ドライアプリコット | 10個 |

**準備**
- 薄力粉、全粒粉、アーモンドパウダーは合わせてふるう。
- レーズンにラム酒をふりかけてなじませる。
- ドライアプリコットは小さな容器に入れ、ひたひたの水を加えて一晩おく。
- くるみは120℃のオーブンで15分ローストして、フードプロセッサーか包丁でできるだけ細かく刻む。
- 型にオーブンシートを敷く。
- オーブンは170℃（ガスオーブンの場合は160℃）に温める。

**作り方**

1　ボールに卵とメイプルシロップを入れ、ハンドミキサーの低速でほぐし、別のボールに湯を入れて湯せんにしながら高速で泡立てる。

2　人肌に温まったら湯せんをはずし、もったりと跡が残るくらいまでしっかり泡立てる。

3　低速にして、菜種油を少量ずつ加える。

4　ゴムべらに持ち替え、ふるった粉類を加えてさっくり混ぜる。粉気が少し残っているところで、くるみ、レーズン、アプリコット（水分も一緒に）を加え、粉気がなくなるまで混ぜる。

5　型に生地を流し入れ、オーブンで50分焼く。

・材料がたくさん入るので混ぜにくいですが、練らないように気をつけて。
・アプリコットを軽くつぶしながら混ぜると生地になじんでおいしくなります。

一晩かけてふっくらもどしたドライアプリコット。

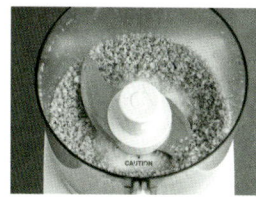

つぶつぶが残るくらいで大丈夫です。

# わたしのお菓子作り

自宅を工房にお菓子作りを始めてから2年半たちます。

違う分野から、料理を仕事にしたのは25歳を過ぎてから。
経験のないわたしには学ぶことだけで、朝から晩までレストランの厨房にこもって料理を作る日々でした。
深夜家に帰るとくたくたで、ごはんを作る気力もなく、インスタントな食事が続き、
でもそれはしょうがないことと思っていました。
それがある日、なんだか頭がふらふらしたり胃が痛くなったり、
だんだん体が不調を訴えるようになったのです。
原因がわからないままいくつものお医者さんを回って、
いろんな薬を飲んでも調子はよくならず、そのうち気分もふさぎ込んで、
お店を休んで家に閉じこもることが多くなりました。
そんな日々が続いたある日、一冊の本に出会いました。
「食べたものが、その人になる」
その言葉で、自分の不調の理由がようやくわかったような気がしました。
シンプルであたりまえのことが、とても大切なことだと気づいたのです。

食べるものがその人を作るということは、体だけではなく心にも大きな影響を与えることだと思います。
おなかを満たすためだけのものではなく、心も満足できるものを作りたい。
そんな気持ちをこめて「foodmood(フードムード)」という名前でお菓子作りを始めることにしました。

大人も子どもも大好きなお菓子だからこそ、
体と心にゆっくりなじんでくるものであってほしいという思いをこめて。
そのころには、わたし自身もびっくりするほど体調がよくなるのを実感していました。
わたしのお菓子は、時間のない日の朝ごはんや、旅先など、
場所や時間を選ばずに食べられるよう、
いつ食べても体の負担にならないことを大切に考えています。
バターを使わずに菜種油で作ったお菓子は、
食べた後もすっきりして、重く残る感じがありません。
もちろん、ナッツやドライフルーツなど、滋養のある素材をたくさん使うので、食べごたえは充分。
素朴だけれど、ちゃんと体と心が満足できる、そう、〝ごはんのようなおやつ〟なのです。

今、ナチュラルなお菓子に関心を持つ、お母さんや妊婦さん、
そしてかつての私のように忙しい毎日を送っていて、
でも食をおろそかにしたくないと考えている
20代、30代の女性がたくさんいらっしゃることを感じています。
このレシピノートは、お菓子を自分で作ってみたいと思う人たちに、
忙しい家事の合間や、仕事が終わっておうちに帰ってからでも
気軽に作ってもらえるようにまとめました。
これからもずっと、お菓子作りを通して、いろんな人とつながっていけたらと思っています。

なかしましほ

わたしのお菓子の、
おいしい材料

## 粉

国産の粉は、以前はうどんやパンに使う中力粉が主でしたが、現在は強力、中力、薄力とすべての種類がそろいます。国産の薄力粉は、外国産のものよりたんぱく質の含有量が多いのでふくらみが悪く、お菓子には向かないと思われていましたが、現在は品種が改良され、充分おいしいお菓子が焼けるようになりました。
わたしのシフォンケーキも、国産の粉を使うことで、しっとりもっちり焼き上がります。もちろん、ほかのケーキやクッキー、すべてのお菓子に使います。シフォンケーキ、ケーキには北海道産の「ドルチェ」、クッキーはさらに粉の風味を出すために、ドルチェに熊本産の石うすひきの粉をブレンドして使用しています。

## 卵

わたしが卵を選ぶ基準は、鶏が飼育される環境と、えさは何を食べているか、ということです。今、使用している、自然農園レインボーファミリーの卵は、農薬や化学肥料を使用していない野菜を食べて育った、平飼いの鶏の卵です。最初に卵を割ったとき、黄身が薄いレモン色をしていることに驚きました。黄身の色は、食べたえさによって決まるのだそうです。おいしい野菜を食べて育ったからこそ、この色なのだと思います。

味は全く臭みがなく、焼き上げると上品な卵の香りが広がります。新鮮なので、シフォンケーキやケーキをぐんぐんふくらませてくれるのも魅力です。

## 油

わたしのお菓子では、バターの代りにすべて菜種油を使います。

この油に最初に出会ったのは、以前働いていたナチュラル系レストランでのこと。油に味があると思ったのは初めてのことでした。とてもこくのある味わいで、色はきれいな菜の花色。希少な国産の菜種のみを使い、玉締め圧搾法という方法で化学薬品を使わずに抽出し、和紙で濾過するという、大変な手間と時間をかけて作られています。

菜種油をお菓子に使うことで、生地はほのかに黄色く焼き上がり、もの足りないと思われがちなナチュラルなお菓子にぐっと深いこくとうまみを与えてくれています。

お菓子だけでなく、料理にももちろんおいしく使えます。毎日の暮らしに、なくてはならない油になっています。

薄力粉、全粒粉は国産のもの、オートミールはアメリカ産のオーガニックのものを使っています。

全粒粉は小麦を丸ごとひいたもので、栄養分が高く、焼き上げると粉の風味を強く感じ、ほろっとした食感に仕上がります。粉の一部を全粒粉にして使うのがおすすめです。この本では製菓用の薄力タイプを使用しています。

オートミールは燕麦を加熱してからつぶしたもの。クッキーに入れたり、ケーキにトッピングしたりして使っています。独特の風味とざくざくした食感が特徴です。

粉にも鮮度があるので、少量ずつ買い、封を開けたらなるべく早めに使いきるようにしてください。

## 粉

左から薄力粉、全粒粉、オートミール

わたしのレシピは、少ない材料でできるものがほとんどです。
だからこそ、一つ一つの素材は、ちゃんと選びたいと思っています。

甘み

上段左からはちみつ、メイプルシロップ、メイプルシュガー
下段左からマスコバド糖、てんさい糖、きび砂糖

お菓子につける甘みは、主にてんさい糖やきび砂糖、はちみつ、メイプルシロップを使っています。精製された白い砂糖は使いません。精製度の低い砂糖は、ミネラルが豊富で、体にゆっくり吸収されます。そして何よりこくのある甘みが気に入っています。

てんさい糖はビートと呼ばれる砂糖大根からできた砂糖で、オリゴ糖が豊富に含まれています。てんさい糖にはグラニュー糖もありますが、わたしは精製度の低い含蜜糖を使っています。くせがなく使いやすい砂糖です。

マスコバド糖は砂糖きびから作られたフィリピンの黒砂糖で、安全に生産されているフェアトレードのもの。わたしのお菓子では、黒砂糖はマスコバド糖を使っています。チョコレートやココアなどに負けないしっかりしたこくが特徴です。

きび砂糖は黒砂糖よりあっさりとした風味、はちみつやメイプルシロップは深い甘みがあり、お菓子のアクセントとしても使っています。

## ドライフルーツ、ナッツ

上段左からココナッツ、ピーカンナッツ、くるみ
下段左からレーズン、アプリコット、プルーン

## 豆腐、豆乳

オイルコーティングや漂白剤を使っていない、オーガニックのものを選んでいます。
ドライフルーツは見た目では茶色っぽいものが多いのですが、ドライ（干しただけ）なら、これがいちばん自然な姿だと思っています。
油や砂糖でコーティングされていないので、ともかくそのもの自身の味が濃い、おいしさが凝縮された感じがします。
ナッツも油や塩がついていないものを使います。使う前に、低温のオーブンで軽くローストすると、風味が断然違ってきます。

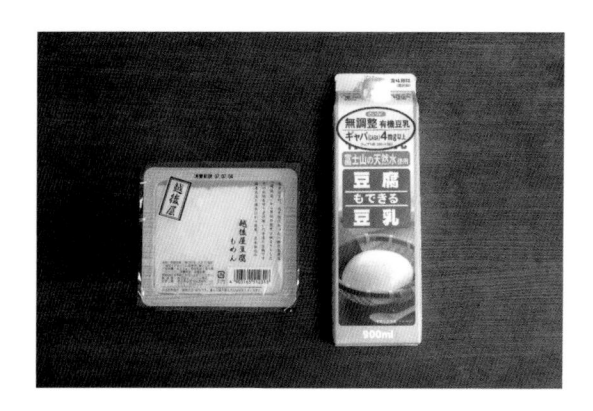

豆腐や豆乳は、バターや生クリームの代りになってくれる、頼もしい食材です。お菓子にこくやとろみをつけてくれたり、しっとりとした食感を与えてくれます。わたしにとって、代りというよりは豆腐や豆乳だからこそ、おいしいおやつができると感じています。
豆腐は、遺伝子組換えの大豆を使用していない、にがりで作られたシンプルなものを選んで。木綿豆腐のほうが、水分が少なく、お菓子には扱いやすいと思います。
豆乳は無添加で調味されていないものを使ってください。

## ショップリスト

◎ クオカ（CUOCA）

☏ 0120-863-639
http://www.cuoca.com/
製菓材料店。ネット販売のほか、ショップでも購入可。わたしは、江別製粉『ドルチェ』という薄力粉の他、メイプルシロップ、オーガニックのオートミール、てんさい糖、きび砂糖なども買っています。

◎ やさい暮らし

http://www.yasai-gurashi.com/
いろんな農家をとりまとめて、野菜や卵を販売しているウェブサイトです。わたしは、自然農園レインボーファミリーの卵を使っています。

◎ テングナチュラルフーズ

☏ 042-982-4811
http://www.alishan-organic-center.com/jp/tengu/index.html
オーガニックなものを多く扱う食材店。主に、ナッツ、ドライフルーツを購入しています。

◎ ピープル・ツリー

☏ 03-5731-6671
http://www.peopletree.co.jp/
フェアトレードショップ。マスコバド糖、ドライフルーツなどを購入しています。マスコバド糖はホームページから注文できるほか、カタログがあり、郵便、ファックス、メール、電話でも注文できます。

◎ フーディオス

☏ 055-978-8921
http://foodios.com
自然酒、無添加調味料の専門店。平出油屋（ひらいであぶらや）の菜種油を買っています。

◎ 寺田本家

☏ 0478-72-2221
http://www.teradahonke.co.jp/
千葉県の自然酒の蔵元。玄米酒かす「にぎり酒」を購入しています。

なかしましほ

レコード会社・出版社を経て料理の道へ。ヴェトナム料理店やナチュラル系レストランで厨房を担当。その後はオーガニックカフェのオープニングやフードコーディネートに携わる。現在はfoodmoodとして国立にアトリエ兼店舗を構え、ナチュラルなおやつのレシピを提案している。著書に『オーガニックなレシピノート チョコおやつ』（文化出版局）がある。
foodmood　http://www.foodmood.jp/

ブックデザイン　　　葉田いづみ
撮影　　　　　　　　田辺わかな
スタイリング　　　　大谷マキ
イラスト、手書き文字　中島基文

オーガニックなレシピノート
もっちりシフォン
さっくりクッキー
どっしりケーキ

2007年10月8日　第1刷発行
2016年10月7日　第20刷発行
著者　　　なかしましほ
発行者　　大沼 淳
発行所　　学校法人文化学園 文化出版局
　　　　　〒151-8524 東京都渋谷区代々木3-22-1
　　　　　電話03-3299-2460（編集）　03-3299-2540（営業）
印刷・製本所　　株式会社文化カラー印刷

©Shiho Nakashima 2007　Printed in Japan
本書の写真、カット及び内容の無断転載を禁じます。

本書のコピー、スキャン、デジタル化等の無断複製は著作権法上の例外を除き、禁じられています。本書を代行業者等の第三者に依頼してスキャンやデジタル化することは、たとえ個人や家庭内での利用でも著作権法違反になります。

文化出版局のホームページ　http://books.bunka.ac.jp/